Reinhard Abeln

Aus der guten alten Zeit

Reinhard Abeln

Aus der guten alten Zeit

Poesiealbumsprüche, Gedichte, Geschichten

camino.
gemeinsam auf dem Weg

Gesamtgestaltung: Finken & Bumiller, Stuttgart
Umschlagmotiv: © AKG-images. de, Titelblatt des Poesiealbums von Agnes Gericke (1905). Berlin, Sammlung Archiv für Kunst und Geschichte

Hersteller gemäß ProdSG:
Druck und Bindung: NEOGRAFIA, a.s., Sučianska 39A, 038 61 Martin-Priekopa, Slowakei
Verlag: Verlag Katholisches Bibelwerk GmbH, Silberburgstraße 121, 70176 Stuttgart. Vorübergehend vom 1. März 2020 bis voraussichtlich Ende 2021: Deckerstraße 39, 70372 Stuttgart

www.bibelwerk.de
ISBN 978-3-96157-131-4

Inhalt

Aus Omas
Poesiealbum

Lass den Kopf nicht hängen,
habe frohen Mut!
Einst wird's wieder heller,
einst wird's wieder gut.

Ob steil der Pfad,
ob schwer die Pflicht,
was du erwählst,
das lasse nicht.

Das nächste Ziel
mit Lust und Freude
und aller Kraft zu verfolgen,
ist der einzige Weg,
das Fernste zu erreichen.

Leg's dem Leben nicht zur Last,
scheint die Welt dir Plunder;
wenn du Märchenaugen hast,
ist die Welt voll Wunder.

Wenn die Flüsse aufwärts fließen
und die Hasen Jäger schießen
und die Mäuse Katzen fressen,
dann erst werd' ich dich vergessen.

Schenk nicht jedem dein Vertrauen,
der dir sagt, er ist dein Freund,
denn ins Herz kannst du nicht schauen,
ob er's ehrlich mit dir meint.

Dem Fröhlichen gehört die Welt,
die Sonne und das Himmelszelt.

Solang das Städtchen ... steht,
solang der Wind im Tale weht,
solang die Trauben geben Wein,
so lang soll unsre Freundschaft sein.

Tu nur das Rechte in deinen Sachen,
das Andere wird sich von selber machen.

Blick nicht
trostlos in die Welt
wie die dummen Kälber.
Das Gesicht
ist dir geschenkt,
lachen musst du selber.

Du bist viel schöner,
wenn du lachst,
als wenn du
eine Schnute machst.

Was ist ein
verlorener Tag?
Ein Tag, an dem du
nicht gelacht hast.

Ich wünsch dir
Glück und Fröhlichkeit,
die Sonne soll dir lachen!
So gut ich kann und allezeit
will ich dir Freude machen.

Wer ist Lehrling?
Jedermann!
Wer ist Geselle?
Der was kann!
Wer ist Meister?
Der was ersann!
Rein wie das feinste Gold,
fest wie ein Felsenstein,
ganz lauter wie Kristall
soll deine Seele sein.

Angelus Silesius

Lebe glücklich, lebe froh
wie der Mops im Paleto(t).

Ein Häuschen aus Zucker,
aus Zimt die Tür,
den Riegel aus Bratwurst,
das wünsch ich dir.

Humor ist das
Salz der Erde,
und wer gut
durchgesalzen ist,
bleibt lange frisch.

Einmal lachen
ist besser
als zehnmal
Medizin nehmen.

Willst du lange leben gesund,
iss wie die Katze,
trink wie der Hund.

Freundschaft ist das schönste
und kostbarste Geschenk,
das wir einander
geben können.

Gib jedem Tag die Chance,
der schönste deines
Lebens zu werden.

Lache und der Tag wird schön,
sei vergnügt, es wird schon gehn.
Immer ist die Welt wie du.
Lächle – und sie lacht dir zu.

Iss dein Brot und lach dich aus,
gute Tage soll man loben;
schlägt's mit Knüppeln,
wehre dich,
bleib auch unten liegend oben.

Was du bist, das sei auch ganz,
nicht allein die Blüt', die lichte,
sondern auch das Blatt, das schlichte,
gehört mit in den Kranz.

Dein Müssen und dein Mögen,
die steh'n sich oft entgegen.
Du tust am besten, wenn du tust,
nicht was du willst, nein, was du musst.

Genieß die Gegenwart mit frohem Sinn,
sorglos, was dir die Zukunft
bringen werde.
Doch nimm auch bitt'ren Kelch
mit Lächeln hin,
vollkommen ist kein Glück
auf dieser Erde.

Feiger Gedanke, bängliches Schwanken,
weibisches Zagen, ängstliches Klagen
wendet kein Unheil,
macht dich nicht frei …

Aller Gewalten zum Trutz sich erhalten,
kräftig sich zeigen, nimmer sich beugen,
rufet die Arme der Götter herbei.

Johann Wolfgang von Goethe

Sage nicht alles,
was du weißt,
aber wisse alles,
was du sagst!

Matthias Claudius

Sei deiner Eltern Freude,
beglücke sie durch Fleiß,
dann erntest du im Alter
dafür den höchsten Preis.

Mache dich stille im Warten und Ruhn,
stille im Schaffen, im Kämpfen und Tun,
stille vor anderer Glück und Leid,
stille und betend zu helfen bereit.

Was verkürzt dir die Zeit?
Tätigkeit!
Was macht sie dir unerträglich lang?
Müßiggang!

Johann Wolfgang von Goethe

Von guten Mächten wunderbar geborgen,
erwarten wir getrost, was kommen mag.
Gott ist mit uns am Abend
und am Morgen
und ganz gewiss an jedem neuen Tag.

Dietrich Bonhoeffer

Sage nie, das kann ich nicht,
vieles kannst du, will's die Pflicht.
Alles kannst du, will's die Liebe.
Darum dich im Schweren übe.
Schweres fordert Lieb und Pflicht.
Sage nie, das kann ich nicht.

Wie sich Knospen froh erheben
bunt im goldnen Sonnenschein,
so von Freud und Glück umgeben
soll dein ganzes Leben sein.

Sei immer freundlich,
hilfsbereit und wahr,
so gewinnst du Freunde
für viele Jahr.

Sei gehorsam, sei bescheiden,
folge stets der Eltern Wort.
Lerne reden, lerne schweigen,
aber stets am rechten Ort.

Lerne, lerne Menschen kennen,
Menschen sind veränderlich.
Die dich heute Freundin nennen,
sprechen morgen über dich.

Wenn einst die Sterne dich verlassen
und Glück und Menschen spotten dein,
auf zwei kannst du dich stets verlassen,
auf Gott und auf dein Mütterlein.

Ich wünsch dir all das Beste,
so viel der Baum hat Äste.
Ich wünsch dir so viel gute Zeit,
so viel als Stern am Himmel sein.
Ich wünsch dir so viel Glück und Segen
als Tröpflein, die vom Himmel regnen.

Und kommt es dir zuweilen vor,
als ächze schwer dein Lebenskarren,
öl rasch die Räder mit Humor,
dann hört er wieder auf zu knarren.

Dein Leben sei fröhlich und heiter,
kein Leiden betrübe dein Herz,
das Glück sei stets dein Begleiter,
nie treffe dich Kummer und Schmerz!

Was du sagst, das sei wahr,
ehrlich bleibe immerdar.
Halte Wort in jedem Fall,
dann traut man dir überall.

Hoffe wenig,
wirke viel –
das ist der kürzeste Weg
zum Ziel!

Frage nicht, was gestern war,
frage nicht nach morgen!
Dieses edle Schwesternpaar
kann dir nie was borgen.

Leicht zu leben
ohne Leichtsinn,
heiter zu sein
ohne Ausgelassenheit,
Mut zu haben
ohne Übermut –
das ist die Kunst des Lebens.

Theodor Fontane

Sei immer bescheiden,
verlang nicht zu viel,
dann kommst du zwar sicher,
aber langsam ans Ziel.

Vergesse nie die Heimat,
wo deine Wiege stand,
du findest in der Ferne
kein zweites Heimatland.

Mögen Engel dich behüten,
wenn wir auseinandergehn,
in der Heimat, in der Ferne,
wenn wir uns nicht wiedersehn.

Nie verlerne, so zu lachen,
wie du jetzt lachst,
froh und frei,
denn ein Leben ohne Lachen
ist ein Frühling ohne Mai.

Ein Seehund lag
am Meeresstrand,
wusch sich die Schnauz'
im weißen Sand.
Oh, möchte doch
dein Herz so rein
wie diese
Seehundschnauze sein!

Ein Tag, der ohne Lachen war,
bringt leicht die Schönheit in Gefahr.
Er legt dir Falten ins Gesicht.
Drum lache viel, vergiss das nicht!

Mach es wie die Sonnenuhr,
zähl die heitern Stunden nur.

Frohes Herz und heit'rer Sinn
bringt im Leben stets Gewinn.

Drei Englein sollen dich begleiten
in deiner ganzen Lebensbahn
und diese Englein sollen heißen:
Gesundheit, Glück, Zufriedenheit.

Unter Rosen, unter Linden
wirst du einst ein Blümlein finden,
das ganz leise zu dir spricht:
Lebe wohl, vergiss mein nicht!

Von den Vöglein die Fröhlichkeit,
von dem Bienlein die Emsigkeit,
von dem Sternlein den hellen Schein
wünsch ich dir ins Herz hinein.

Willst das Große du erreichen,
fange mit dem Kleinen an.
Deine Tadler werden schweigen,
ist das Kleine groß getan.

Sorg, aber sorge nicht zu viel,
es geht doch, wie Gott es haben will.

Wenn's trüb hergeht,
nicht trostlos wein',
auf Regen folget
Sonnenschein!

Je froher
dein Herz ist,
desto heller
leuchtet die Sonne.

Hab Sonne im Herzen,
ob's stürmt oder schneit,
ob der Himmel voll Wolken
und die Erde voll Streit.

Wenn sich die Menschen ärgern,
so ärgre du dich nicht!
So wie die liebe Sonne,
lach allen ins Gesicht!

Wie des Baches Quelle
silberhell und rein,
sollen auch die Tage
deines Lebens sein.

Sei wie das Veilchen im Moose,
bescheiden, sittsam und rein,
und nicht wie die stolze Rose,
die immer bewundert will sein.

Es dauert ja nur ein Weilchen,
dann ist sie vom Sturme geknickt
und das bescheidene Veilchen blüht,
wo es niemand sieht.

Es kann die Ehre dieser Welt
dir keine Ehre geben;
was dich in Wahrheit hebt und hält,
muss in dir selber leben.

Das flücht'ge Lob, des Tages Ruhm
magst du den Eitlen gönnen;
das aber sei dein Heiligtum:
vor dir besteh'n zu können.

Theodor Fontane

Immer wenn du meinst,
es geht nicht mehr,
kommt von irgendwo ein Lichtlein her.
Dass du es noch einmal wieder zwingst
und von Sonnenschein
und Freude singst,
leichter trägst des Tages harte Last
und wieder Mut und Kraft
und Glauben hast.

Allzeit lustig ist gefährlich,
allzeit traurig ist beschwerlich,
allzeit glücklich ist betrüglich,
eins ums andere ist vergnüglich.

Ein gutes Mittel will ich dir zeigen,
dass alle Menschen sich zu dir neigen:
Pflege im Innern die Tüchtigkeit,
im Äußern aber Bescheidenheit!

Wer andere erkennt,
ist gelehrt.
Wer sich selbst erkennt,
ist weise.
Wer andere besiegt,
hat Muskelkraft.
Wer sich selbst besiegt,
ist stark.
Wer zufrieden ist,
ist reich.
Wer seine Mitte nicht verliert,
der dauert.

Wer mit Humor sein Sach' bestellt,
dem lachet froh die ganze Welt.

Mach's wie der Vogel,
der doch nicht
aufhört zu singen,
wenn mal der Ast bricht.
Denn er weiß,
dass er Flügel hat.

Johannes (Don) Bosco

Lass den Kopf nicht hängen,
habe frohen Mut!
Einst wird's wieder heller,
einst wird's wieder gut.

Sieh das Gute im andern,
höre das Gute vom andern,
erzähle Gutes vom andern,
tu das Gute dem andern –
dann wird das Gute
weiterwandern.

Rosen, Tulpen, Nelken,
alle Blumen welken,
aber nur die eine nicht
und die heißt: Vergissmeinnicht.

Wen du einen grünen
Zweig in deinem
Herzen trägst,
wird sich ein Vogel
darauf niederlassen.

Sei kein Wind- und Wetterhahn,
fang nicht immer Neues an!
Was du hast dir vorgesetzt,
das bewahre bis zuletzt!

Fröhlichkeit und Traurigkeit,
beides kommt vor,
doch nur eines ist wichtig:
Trag's mit Humor!

Sei vergnügt in allen Dingen,
scheue niemand, tue recht,
so wird alles wohl gelingen
und es geht dir niemals schlecht.

Das Herze fröhlich,
der Mut recht ehrlich,
die Rede züchtig,
die Taten richtig,
auf Gott vertrauen
und auf ihn bauen,
das sind die Waffen,
die Frieden schaffen.

Dein Leben soll sein
wie die Quelle so rein,
wie der Himmel so klar,
wie die Sterne so wahr.

Jedes Schiff braucht seinen Hafen,
jeder Vogel hat sein Nest;
und mag auch die Sturmnacht tosen;
Halte deinen Glauben fest!

Immer fröhlich ohne Sorgen,
heiter wie der Sonnenschein,
schöner als der Frühlingsmorgen
soll dein ganzes Leben sein.

Die Sonne blickt mit hellem Schein
so freundlich in die Welt hinein.
Mach's ebenso!
Sei heiter und froh.

Blaue Augen, lachender Mund,
frohes Herz, machen alles gesund.

Richte nie des Menschen Wert
schnell nach einer kurzen Stunde.
Oben sind bewegte Wellen,
doch die Perle liegt am Grunde.

O denk daran, wie leicht ein Wort,
ein hartes, kann das Herz verwunden.
Die Wunde blutet immerfort
und nimmermehr kann sie gesunden.

Wenn dir ein Herz entgegenschlägt,
dir naht in treuer, heißer Liebe,
das mit dir deine Freuden trägt
und auch im Schmerz dein eigen bliebe –

o stoße es nicht stolz zurück,
halt's fest, mit deinem ganzen Herzen!
Du brauchst ein Herz im höchsten Glück,
wie du eins brauchst in tiefen Schmerzen.
O denk daran!

Bleibe immer heiter und fröhlich,
mein Kind,
gib dir Mühe, flink und aufmerksam
zu sein,
dazu hilfreich und freundlich
gegen andere,
dann wird dir das Leben
nie schwer werden.

Auf der letzten Seite eines Albums:

Ich schreibe dir aufs letzte Blatt,
weil ich dich am liebsten hab.
Und wer dich lieber hat als ich,
der setze sich halt hinter mich.

Die Güte ist eine der
herrlichsten Rosenblüten
im Garten der Seele.
Pflanze und pflege
diese Blüte weiter.

Wer ruhig leben will,
darf nicht sagen,
was er weiß,
und nicht glauben,
was er hört.

Spruch aus Arabien

Mit Wissen, Können, Wollen
schöpft man aus dem Vollen.
Mit »Vielleicht« und »Irgendwie«
gelingt es selten – oder nie.

Es gibt dreierlei Wege,
klug zu handeln:
1. durch Nachahmung,
das ist das Leichteste;
2. durch Erfahrung,
das ist das Bitterste;
3. durch Denken,
das ist das Klügste.

Rein bleiben und reif werden
ist die höchste
und schwerste Lebenskunst.

Schaue vorwärts,
nie zurück,
neuer Mut
bringt Lebensglück.

Mit ruhigem Sinn
geh dem Schicksal entgegen
und glaube nicht,
es ändere sich deinetwegen.

Im Reden offen und wahr,
im Denken besonnen und klar.
Ohne Hochmut und Prahlen im Glück,
den Kopf recht hoch im Missgeschick.

Klage nicht,
dass die Rosen Dornen haben,
sondern freue dich,
dass der Dornstrauch
Rosen trägt.

Durch Liebe werden
alle Dinge leichter,
die der Verstand als
gar zu schwer gedacht.

Willst das Große du erreichen,
fange mit dem Kleinen an.
Deine Tadler werden schweigen,
ist das Kleine groß getan.

Das möchte ich: durch die Lande gehen,
Berge, Meere und Menschen sehen,
jubelvoll grüßen den Sonnenstrahl,
unbeschwert wandern durchs
blühende Tal,
hin und her auf sorglosen Sohlen
mir einen Arm voll Freude holen.

Willst du glücklich sein im Leben,
trage bei zu andrer Glück;
denn die Freude, die wir geben,
kehrt ins eigne Herz zurück.

Ins Album schreib ich mich gern hinein,
weil ich nicht will vergessen sein,
doch lieber will ich im Herzen stehn,
weil's Album könnt verloren gehn.

Wenn du einst nach vielen Jahren
dieses Album nimmst zur Hand,
denk daran, wie froh wir waren
auf der kleinen Schülerbank.

Wenn einst nach langen Jahren
mein Name wird genannt,
so denk an mich und sage,
die hab ich auch gekannt.

Aus Opas Witzkiste

Zeitungsmeldungen vor 100 Jahren

Der Frost hat eine Höhe von minus 42 Grad erreicht. Die Eisenbahnwaggons frieren an den Schienen fest, sodass zwei Lokomotiven gebraucht werden, den Zug in Bewegung zu setzen.

Neurussischer Telegraf (Petersburg)

Die Ansprüche der weiblichen Dienstboten werden immer größer. Dies ist eine ständige Klage der Hausfrauen. Das Neueste: Ein Zimmermädchen forderte bei ihrer Einstellung, dass sie, sobald eine Eisbahn vorhanden sei, jeden Nachmittag zwei Stunden zum Schlittschuhlaufen gehen könne.

Aus dem Buxtehuder Wochenblatt

Ausgezeichnete Komödianten

Papst Pius XII. empfing zwei durch ihre Lustspielerfolge bekannte Schauspieler. Es hieß, sie seien zwar keine Katholiken, hätten aber den Wunsch geäußert, seiner Heiligkeit ihren Respekt zu bezeugen.

»Ah«, lächelte der Papst, »Komödianten. Ausgezeichnet! Das Lachen kennt keine Konfession. Es sollte mehr Lachen in der Welt sein.«

»Nach Ihnen!«

Als Nuntius von Frankreich traf der spätere Papst Johannes XXIII. einmal mit dem Oberrabbiner von Frankreich vor einem Einmannlift zusammen, den sie beide benutzen wollten.

»Nach Ihnen!«, sagte höflich der Rabbiner. Und höflich antwortete der Nuntius: »Nein! Bitte Sie zuerst!«

Endlich erklärte der Nuntius nach einer längeren Verlegenheitspause: »Sie fahren unbedingt vor mir; denn erst kommt das Alte und dann das Neue Testament.«

Die drei Fragen

Papst Leo XIII. ließ sich jeden neuen Soldaten der Schweizergarde persönlich vorstellen.

Bei dieser Gelegenheit stellte er ihm drei Fragen in dieser Reihenfolge: »Wie alt bist du? Wie lange verträgst du zu fasten? Hast du noch Vater und Mutter?«

Eines Tages erschien ein Gardist, der kein Italienisch verstand.

Seine Kameraden sagten ihm die Fragen und er lernte die Antworten auswendig.

Zufällig änderte Papst Leo ausgerechnet an diesem Tag die Reihenfolge der Fragen und begann: »Wie lange vermagst du zu fasten?«

»24 Jahre.«

»Wie alt bist du?«

»Zwei Tage.«

Jetzt erst merkte der Papst,
dass etwas nicht stimmen konnte, und rief aus:

»Einer von uns beiden muss
den Verstand verloren haben!«

Der Rekrut hielt das für die dritte Frage und antwortete: »Beide!«

Alles gemeinsam

»Wir machen alles gemeinsam«, sagte der Pfarrer zu seinem Kaplan. »Wir gehen jetzt zum Briefkasten, ich stecke den Brief ein und Sie halten die Klappe!«

Die schöne Predigt

Ein Kleinstadtpfarrer hat gepredigt, dass jeder sich mit seinem Schicksal abfinden müsse. Neid und Missgunst gegen scheinbar Bessergestellte sei von Übel. Jeder werde nur in seinen ihm eigentümlichen Verhältnissen glücklich, das entspreche seiner Veranlagung und dem göttlichen Willen.

Um die natürliche Verschiedenheit der Unterschiede deutlich zu machen, führt er Beispiele an; so gedeihen z. B. manche Blumen, wie die Rosen, nur in der Sonne, während andere, etwa die Fuchsien, den Schatten bevorzugen …

An einem der nächsten Tage trifft er ein altes Mütterchen auf der Straße; die redet ihn an: »Grüß Gott, Herr Pfarrer! Das war aber mal eine schöne Predigt am letzten Sonntag!«

»Freut mich sehr! Und was hat Ihnen denn am besten darin gefallen?«

»Nun, Herr Pfarrer, jetzt weiß ich, warum bisher meine Fuchsien nie recht gedeihen wollten!«

Vor oder nach Christus?

»Ich bin am 20. März 1929 geboren worden«, sagt der Pfarrer den Kommunionkindern.

Dieses Datum hat Jens sehr beeindruckt. Um ganz sicher zu sein, fragt er vorsichtshalber noch einmal nach: »Hm. 1929! Vor oder nach Christi Geburt?«

Pillen – statt Eiersuche

Kurz vor Ostern sagte ich zu meinem Mann, dies sei nun – nach dem Weggang der inzwischen erwachsenen Kinder – das erste Jahr ohne bunte Eier und fröhliche Eiersuche.

»Das stimmt«, sagte er. »Aber wir könnten uns doch gegenseitig die Vitaminpillen verstecken!«

Bald ist Ostern …

»Jetzt kommt bald Ostern«,
freuen sich die Spatzen.
»Dann versteckt der Gärtner
wieder Bohnenkörner in den Beeten
und wir dürfen sie suchen!«

Das Angebot

Von der Kanzel aus bemerkt der Pfarrer, dass ein Opa, der mit seinem neunjährigen Enkel immer in der gleichen Bank sitzt, stets kurz nach Beginn der Predigt einnickt und dann auch bald hörbar schnarcht.

Eines Tages nimmt er heimlich den Jungen zur Seite: »Fränzchen, du musst aufpassen, dass dein Opa nicht einschläft und schnarcht. Du musst ihn anstoßen oder am Ärmel ziehen. Dafür kriegst du jeden Sonntag einen Euro!«

Tatsächlich, mit Freude kann der Pfarrer am nächsten Sonntag feststellen, wie der Opa über Wasser gehalten wird. Doch dann ist es wieder vorbei. Der Opa hält wie sonst seinen Predigtschlaf.

»Aber, Fränzchen, was ist denn los?«, fragt der Pfarrer den Jungen, »du hast ja deinen Opa nicht wachgehalten!«

»Entschuldigen Sie, Herr Pfarrer, aber er gibt mir dafür jeden Sonntag zwei Euro!«

Die Kirchenhierarchie

Am Fest Peter und Paul (29. Juni) möchte der Pfarrer der Kommunionrunde den Aufbau der kirchlichen Hierarchie (Rangordnung) erklären.

Während des Gesprächs fragt er die Kinder: »Wer bildet die Spitze unserer heiligen Kirche?«

Burkhard glaubt, es zu wissen und antwortet: »Der Hahn auf dem Kirchturm!«

Gut getroffen

Als Raffael (1483–1520) von zwei geistlichen Würdenträgern getadelt wurde, weil er die Apostel Petrus und Paulus zu rot gemalt hätte, sagte der Künstler: »Meine Herren, wundern Sie sich nicht darüber. Ich habe sie gemalt, wie sie im Himmel aussehen. Die beiden Apostel sehen bloß deswegen so rot aus, weil sie sich schämen, dass die Kirche heutzutage so schlecht verwaltet wird!«

Dienstränge

Papst Johannes XXIII. (1881–1963) besuchte in Rom überraschend das Krankenhaus »Zum Heiligen Geist«, das von Nonnen geleitet wird. Die Oberin kam, wegen des hohen Besuchs aufgeregt, herbeigeeilt und stellte sich vor: »Heiliger Vater, ich bin die Oberin vom ›Heiligen Geist‹.«
»Haben Sie aber ein Glück – ich bin nur der Stellvertreter Christi«, gab der Papst zurück.

Der Hochzeitstag

Die Ehefrau eines zerstreuten Professors überrascht ihren Mann mit einem großen Strauß roter Rosen, den sie ihm zum 50. Hochzeitstag überreicht. Der Professor ist tief bewegt und meint: »Ich danke dir von Herzen, meine Liebste. Aber jetzt muss ich dich doch bitten, mich darauf aufmerksam zu machen, wann dein Hochzeitstag kommt, damit ich mich revanchieren kann!«

Lange gefehlt

Sophie, die längere Zeit erkrankt war, soll im Religionsunterricht drankommen.

»Wie lange hast du denn gefehlt?«, fragt die Lehrerin.

»Seit der Herabkunft des Heiligen Geistes«, besinnt sich Sophie.

Pfingstferien

»Warum bekommen wir denn eigentlich die Pfingstferien?«, will die Lehrerin wissen. Niemand meldet sich.

»Nun«, erklärt sie daraufhin der Grundschulklasse, »weil an Pfingsten der Heilige Geist kommt«.

Da wird sich meine Mutter schön ärgern«, meint die kleine Sabine, »wir wollten an Pfingsten nämlich wegfahren!«

Vergesslich

»Wann feiert die Kirche das Pfingstfest?«, fragt der Lehrer im Religionsunterricht den zehnjährigen Oliver. »Sind Sie aber vergesslich!«, antwortet dieser. In der letzten Stunde haben Sie mich schon dasselbe gefragt. Ich habe Ihnen doch gesagt, dass ich es nicht weiß!«

Brief eines Enkelkindes

Liebe Omi! Du warst am letzten Sonntag sehr lieb zu mir. Das bist du ja nicht immer. Aber du hast es zugelassen, dass ich bei der Hitze Cola trinken durfte und keine Kinderlimonade. Endlich wirst du modern und darüber freue ich mich. Küsschen ... Deine Christa

Großvaters Bart

Der kleine Emil ist im August auf Besuch bei seinem Großvater. Der alte Herr versteht es großartig, mit seinem Enkel umzugehen, und dieser wieder hängt mit großer Liebe an seinem Großvater und alles, was dieser macht und tut, findet die Bewunderung des kleinen Mannes.

Schon das Äußere des Großvaters ist ihm bewundernswert – besonders der lange graue Bart, der ihm bis auf die Brust herabhängt, und die große blanke, wie ein Vollmond schimmernde Glatze.

Als nun der kleine Emil wieder einmal zwischen den Knien seines im

Klubsessel ruhenden Großvaters steht, fragt er: »Großvater, sag, bist du auch einmal ein kleiner Junge gewesen?«

»Aber freilich«, sagt der Großvater, »freilich bin ich auch einmal ein kleiner Junge gewesen, so klein wie du – und noch kleiner!«

Da klatscht Emil vor Freude und Vergnügen in die Hände und ruft mit Lachen: »Aber Großvater; musst du komisch ausgesehen haben – mit deiner Glatze und deinem langen Bart!«

Volksgut

Zweierlei Kartoffeln

Der Urlauber auf dem Bauernhof fragt seinen Wirt: »Warum blühen denn die Kartoffeln in zwei Farben?«

Darauf der Bauer: »Damit man sie besser unterscheiden kann. Das eine sind die Pellkartoffeln, das andere die Bratkartoffeln!«

Das tägliche Brot

Als Kaiser Franz Joseph von Österreich am 18. August 1910 seinen 80. Geburtstag beging, kamen Gratulanten aus allen Ecken der Erde. Das ungewöhnlich prunkvolle Festmahl eröffnete der rüstige Kaiser nach seinem Wunsch mit einem selbst gesprochenen Gebet. Dabei verhaspelte er sich ein wenig und sprach zur Freude der vielen Gäste: »Unser heutiges Brot gib uns täglich!«

Inserat

Die verehrlichen Jungen, welche
heuer meine Äpfel und Birnen zu
stehlen gedenken, ersuche ich
höflichst, bei diesem Vergnügen
womöglich insoweit sich zu
beschränken, dass sie
daneben auf den Beeten
mir die Wurzeln und
Erbsen nicht zertreten.

Theodor Storm

Zur Pönitenz

Unter der Überschrift »Ganz neue Beförderungsweise der Baumpflanzung in Italien« melden die »Ökonomischen Neuigkeiten« von Karl André, Nr. 60, Jahrgang 1823:

»In einer der rauesten Gegenden der Abruzzen legt ein braver Pfarrer seinen Beichtkindern zur Pönitenz auf, Bäume zu pflanzen.«

Angebot

»Hier bekommen Sie alles für Ihren Hund: Nahrung, Kleidung, Ausrüstung, Hygiene, Literatur.«

Im Schaufenster eines New Yorker Spezialgeschäftes (Oktober 1920)

Ein Arzt genügt

Papst Pius XI. erkrankte 1936 im Alter von 79 Jahren schwer. Als sein Leibarzt, Professor Milani, einen Kollegen zur Behandlung heranziehen wollte, lehnte der Papst lächelnd ab: »WOZU denn? Ein Arzt genügt doch völlig, um einen Kranken umzubringen.«

Brief eines Enkelkindes

Liebe Omi! Schade, dass Opa nicht mehr lebt. Er schickte mir ab und zu ein kleines Päckchen mit Süßigkeiten. Das durfte ich dir nie sagen, aber jetzt schreibe ich es dir.
Denn er merkt
es ja nicht.
Deine Mira

Der schwerhörige Opa

Es ist der Abend vor dem vierten Advent. Simon, neun Jahre alt, betet wie gewöhnlich sein Abendgebet. Plötzlich ruft der Junge in höchster Lautstärke: »Und dann, lieber Gott, mach doch bitte, dass ich zu Weihnachten ein Fahrrad und ein Indianerbuch bekomme!«

»Warum schreist du denn so?«, will die Mutter von ihrem Sohn wissen. »Der liebe Gott ist doch nicht schwerhörig!«

»Der liebe Gott nicht«, sagt Simon, »aber der Opa nebenan!«

Brief an das Christkind

Kurz vor Weihnachten fasste ein neunjähriger Junge in New York, der sich eine elektrische Eisenbahn wünschte, aber von den Eltern abschlägig beschieden wurde, den Plan, sich persönlich an das Christkind zu wenden.

Der Junge holte aus Vaters Schreibtisch Briefpapier, setzte seine ungelenke Hand in Bewegung und bat um 100 Dollar. Der Brief erhielt die Adresse: »An das Christkind im Himmel« und wanderte in den nächsten Briefkasten.

Das Postamt leitete das Gesuch dem Bürgermeister zu. Der hatte daran sein Vergnügen und veranlasste, dass dem kleinen Bittsteller 10 Dollar überwiesen wurden. Absender: Das Christkind.

Natürlich freute sich der Junge sehr. Aber er schüttelte doch auch den Kopf und schrieb ein Dankschreiben, das er wiederum in den Postkasten steckte:

»Liebes Christkind, recht herzlich freue ich mich, dass du mein Gebet erhört hast. Aber wäre es nicht besser gewesen, du hättest mir das Geld direkt zugeschickt und nicht über das Bürgermeisteramt? Das hat mir nämlich 90 Prozent Steuern abgezogen!«

Am Heiligen Abend

Der dreijährige David ist es gewohnt, mit den Eltern vor dem Mittagessen zu beten. Nach dem »Amen« des Tischgebets wünscht jeder dem andern: »Gesegnete Mahlzeit!«

Am Heiligabend darf David mit zur Kirche. Er beobachtet alles genau. Als der Pfarrer nach seiner Predigt »Amen« sagt, ruft David laut in die feierliche Stille hinein: »Gesegnete Mahlzeit!«

Mitten in der Nacht

Die Ereignisse der Heiligen Nacht erzählt die fünfjährige Sabine nach eigener Vorstellung:

»Mitten in der Nacht sagte Maria zum heiligen Josef: ›Josef, wach mal auf! Ich glaub', ich hab ein Kind gekriegt!‹«

Stimmt's?

Christian sagt zu seiner Großmutter: »Oma, Silvester kommt immer vor Weihnachten, stimmt's?«

»Aber, Christian, wo hast du das denn her?«

»Na, aus dem Wörterbuch!«

Nostalgische Gedichte und Geschichten

Die Legende vom Schneeglöckchen

Als Gott sein Schöpfungswerk vollendet hatte und Gras, Bäume und Blumen in ihren üppigen Farben prangten, da schuf er zuletzt den Schnee. Aber er ließ ihn ohne Farbe. Seine Farbe sollte sich der Schnee selbst aussuchen und von irgendeinem anderen Geschöpf auf der Welt erbitten.

Da ging der Schnee zum Gras, zum Veilchen, zur Rose, zur Sonnenblume und zu zahllosen bunten Gewächsen und richtete an jedes von ihnen die Bitte: »Gib mir etwas von deiner Farbe!« Aber keines von ihnen wollte die Bitte erfüllen. Im Gegenteil: Die Gewächse lachten den Schnee wegen seines seltsamen Anliegens obendrein noch aus.

Traurig setzte sich der Schnee am Wegesrand nieder und klagte. »Wenn mir niemand seine Farbe gibt, werde ich unsichtbar bleiben wie der Wind, den auch niemand sieht. Und ich werde mit der Zeit genauso böse und gehasst werden wie er!«

Der Schnee hatte geglaubt, dass kein Wesen seine Klage gehört habe.

Aber es war nicht so. Ein kleines, unscheinbares Schneeglöckchen, das neben ihm aus der Erde spross, hatte ihn doch gehört. Das Schneeglöckchen sprach zum Schnee. »Wenn dir mein bescheidenes Mäntelchen gefällt, magst du es gerne nehmen.« Der Schnee war hoch erfreut. Dankbar nahm er das Angebot des Schneeglöckchens an, und seither ist er weiß.

Das Schneeglöckchen ist bis zum heutigen Tage die einzige Blume geblieben, die der Schnee in seiner Nähe duldet. Alle anderen Blumen und Pflanzen hasst er und tötet sie mit seiner eisig kalten Berührung.

Das Christkind im Schubkarren

Es geschah in den Sechzigerjahren. Draußen war ein sonniger Wintertag. Da plötzlich – hastige Schritte – Kinderschritte. Das Gartentor zum Pfarrhaus kreischte in den Angeln und schlug heftig zu. Es schellte Sturm.

»Kommen Sie schnell, Herr Pfarrer, ganz schnell!«

»Was gibt es, Fritz? Warum bist so aufgeregt?«

»Das Christkind ist weg!«

»Was? Das Christkind soll nicht mehr in der Krippe liegen?« Der Pfarrer wollte es dem Jungen nicht glauben. Darum sagte er: »Sei nur ruhig, Fritz, ich komme sofort!« Dann zog sich der Pfarrer seine Jacke an, nahm den Hausschlüssel und eilte mit Fritz zur Krippe. »Wahrhaftig!«, staunte der Pfarrer. Die Krippe war leer. Und er begann, darüber nachzudenken, wieso denn das Christkind verloren gegangen sein könnte.

Der Pfarrer und Fritz suchten in der ganzen Kirche nach dem göttlichen Kind. Aber – es war nirgendwo zu entdecken.

Auch in der Sakristei war es nicht zu finden. Die beiden suchten und suchten, aber sie fanden das Christkind nicht.

Während Fritz schnell nach Hause eilte, um seinen Eltern von dem verschwundenen Christkind zu erzählen, machte der Pfarrer noch einen Rundgang um die ganze Kirche.

Da erblickte er plötzlich hinter der Kirche den kleinen Jakob.

Der fuhr mit seinem nagelneuen, roten Schubkarren fröhlich dahin und sang dazu aus voller Brust. Der Pfarrer blieb stehen, zumal Jakob schnurstracks auf ihn zufuhr. Das Kind wollte ihm gewiss sein Weihnachtsgeschenk zeigen. Doch – was musste er sehen? Da lag ja das verlorene Christkind auf einem Sofakissen, warm zugedeckt in Jakobs Schubkarre.

Glücklich schaute der kleine Jakob zum Pfarrer auf.

Doch dann erschrak er, als er bemerkte, wie der Pfarrer ihn mit großen

Augen betrachtete. »Wie, Jakob, du hast also das Christkind gestohlen?«, sagte der Pfarrer. Das Kind schaute ratlos um sich. Nein, was der Pfarrer da sagte, konnte Jakob nicht begreifen. »Ich? Nein, ich habe es nicht gestohlen«, erwiderte der Junge.

»Aber, Jakob, du hast doch … , wollte der Pfarrer weitersprechen.

»Nein, nein«, sagte der Kleine, »ich habe es gar nicht gestohlen. Ich habe ihm nur etwas versprochen …«

Jetzt wurde der Pfarrer neugierig. »Was hast du ihm denn versprochen? Komm, sag es mir!«

»Ich – ich habe dem Christkind gesagt: Wenn du mir in diesem Jahr wirklich die schöne rote Schubkarre schenkst, dann sollst du zuerst darin fahren!«

Der Pfarrer lächelte. Er hatte den kleinen Jungen sehr gut verstanden. Jakob hatte zu Weihnachten die ersehnte Schubkarre bekommen. Mit dieser war er zur Kirche gefahren. Dann hatte er das Christkind aus der Krippe genommen, in die Schubkarre gelegt und ist mit ihm spazieren gefahren.

Der Pfarrer lachte und auch Jakob lachte. Dann legte der Pfarrer dem Jungen die Hand auf den Kopf und sagte: »Du hast recht, Jakob. Was man verspricht, das muss man halten. Komm, nun bringen wir zwei das Christkind wieder zurück in seine Krippe!«

Jakob nickte eifrig und gemeinsam brachten die beiden das Christkind wieder zu Maria und Josef in die Krippe.

Muttergottesgläschen

Es gibt viele schöne Blumenlegenden über Maria. Eine stammt von den Brüdern Grimm und heißt »Muttergottesgläschen«.

Es hatte einmal ein Fuhrmann seinen Karren, der mit Wein schwer beladen war, festgefahren, sodass er ihn trotz aller Mühe nicht wieder flottbringen konnte. Da kam gerade die Gottesmutter des Weges daher. Als sie die Not des armen Mannes sah, sprach sie: »Ich bin müde und durstig. Gib mir ein Glas Wein und ich will dir deinen Wagen frei machen.«

»Gerne«, antwortete der Fuhrmann, »aber ich habe kein Glas,

worin ich dir den Wein geben könnte«.

Da brach die Muttergottes ein weißes Blümchen mit roten Streifen ab, das Feldwinde heißt und einem Glas sehr ähnlich sieht, und reichte es dem Fuhrmann. Er füllte die Blume mit Wein und die Muttergottes trank ihn. In dem Augenblick wurde der Wagen frei und der Fuhrmann konnte weiterfahren. Das Blümchen heißt bis auf den heutigen Tag Muttergottesgläschen.

Die Antwort des Engels

Ich sagte zu dem Engel,
der an der Pforte
des neuen Jahres stand:
»Gib mir ein Licht,
damit ich sicheren
Fußes der Ungewissheit
entgegengehen kann!«

Aber er antwortete:
»Gehe nur hin in die Dunkelheit
und lege deine Hand in die Hand
Gottes!
Das ist besser als ein Licht
und sicherer als ein bekannter Weg!«

Worte eines chinesischen Christen

Nur ein Spruch?

An einem alten Bauernhof
kann man lesen:

Von allen Sorgen,
die ich mir machte,
sind die meisten
nicht eingetroffen.
Aber jedes Lachen
das meine Freunde
mir brachten,
hat mein Leben
um eine Woche
jünger und gesünder
gemacht.

Man sieht:
Lachen ist Medizin –
allerbeste Medizin sogar.

Die Meise

Kopfüber, kopfunter, zweigab
und zweigauf!
Ein lustiges kleines Ding
und immer geschwätzig und flink
und immer obenauf!

Denn ob die ganze Welt vereist,
sie findet den Tisch gedeckt:
Hier wird ein Körnchen geschleckt
und dort ein Püppchen verspeist.

»Zizidä, zizidä!
Der Frühling ist da!«
So ruft sie im knospenden Wald,
und wehn auch die Winde noch kalt:
Sie weiß es, glaubt es nur ja!

Sie hat das Herz der Knospe gesehn,
in der Wiege von Blumen und Grün,
sie weiß: Bald wird es nun blühn
und die Welt in Veilchen stehn.

Heinrich Seidel

Frühlingslied

Die Luft ist blau, das Tal ist grün,
die kleinen Maienglocken blühn,
und Schlüsselblumen drunter;
der Wiesengrund
ist schon so bunt
und malt sich täglich bunter.

Drum komme, wem der Mai gefällt,
und freue sich der schönen Welt
und Gottes Vatergüte,
die solche Pracht
hervorgebracht,
den Baum und seine Blüte.

Ludwig Heinrich Christoph Hölty

Alte Verse rund um den Rosenmonat

Die Rose stand im Tau,
es waren Perlen grau.
Als die Sonne sie beschienen,
wurden sie zu Rubinen.

Friedrich Rückert

In der Rosenknospe
ist alles vorbereitet,
aber Duft und Farbe
entstehen erst im Licht.

Berthold Auerbach

Die Jahre vergehen,
das Alter häuft sich,
doch der Anblick der Rosen
befreit mich von allen Sorgen.

Aus Japan

Das Leben ist ein Rosenstrauch,
auf den die Sonne scheint.

Hans Christian Andersen

Die Ros' ist ohn' Warum,
sie blühet, weil sie blühet,
sie acht' nicht ihrer selbst,
fragt nicht, ob man sie siehet.

Angelus Silesius

Es ist wichtiger,
dass jemand sich über
eine Rosenblüte freut,
als dass er ihre Wurzel
unter das Mikroskop bringt.

Oskar Wilde

Das Buch ist wie eine Rose,
beim Betrachten der Blätter
öffnet sich dem Leser das Herz.

Aus Persien

Ehret die Frauen!
Sie flechten und weben
himmlische Rosen
ins irdische Leben.

Friedrich von Schiller

Die Zeit gebärt Rosen.

Portugiesisches Sprichwort

Siehe die Rosen im Garten
öffnen sich alle dem Licht –
Seele, meine Seele,
zögere du nicht.

Matthias Claudius

Unter allen Blumen hat die Rose
seit jeher den Menschen
am meisten fasziniert.
Sie blühte schon in Salomos Garten
und auch heute noch versinnbildlicht
sie Werden und Vergehen,
Freude, Leid und Schmerz.

Unbekannt

Gott gab uns die Erinnerung
und so könnten wir auch
im Dezember Rosen haben.

J. M. Barrie

Ein wenig Duft bleibt immer
an den Händen derer haften,
die Rosen schenken.

Aus Asien

Die Söhne

Drei Frauen holten Wasser am Brunnen. Nicht weit davon saß ein Greis auf einer Bank und hörte zu, wie die Frauen ihre Söhne lobten.

»Mein Sohn«, sagte die erste, »ist ein geschickter und wendiger Junge. Er übertrifft an Behändigkeit alle Knaben im Dorf.«

»Mein Sohn«, sagte die zweite, »hat die Stimme einer Nachtigall. Wenn er singt, schweigen alle Leute still und bewundern ihn.«

Die dritte schwieg. »Und warum lobst du deinen Sohn nicht?«, fragten die beiden andern.

»Ich wüsste nicht, womit ich ihn loben könnte«, entgegnete diese. »Mein Sohn ist nur ein gewöhnlicher Junge und hat nichts Besonderes an sich.«

Die Frauen füllten ihre Eimer und gingen heim. Der Greis ging langsam hinter ihnen her. Er sah, wie hart es die Frauen ankam, die schweren Eimer zu tragen, und er wunderte sich nicht, dass sie nach einer Weile ihre Last absetzten, um ein wenig zu verschnaufen.

Da kamen ihnen drei Knaben entgegen. Der erste stellte sich auf die Hände und schlug Rad um Rad. »Welch ein geschickter Junge!«, riefen die drei Frauen.

Der zweite stimmte ein Lied an und die Frauen lauschten ergriffen, mit Tränen in den Augen. Der dritte Junge lief zu seiner Mutter, ergriff wortlos ihre beiden Eimer und trug sie heim.

Die Frauen wandten sich zu dem Greis und fragten: »Was sagst du zu unseren Söhnen?«

»Eure Söhne?«, sagte der Greis verwundert. »Ich sehe nur einen einzigen Sohn.«

Russisches Märchen

Die Sonne steht spät auf

Tief hinter dem Erdhorizont lag die Sonne noch im Bett. Sie konnte hören, wie die Sterne vom Himmel her heimkamen. »Es ist fünf Uhr!«, rief der Mond. »Zeit zum Aufstehen!«

»Ich steh' heut' nicht auf«, murmelte die Sonne und fiel wieder in tiefen Schlaf.

»Du stehst heute nicht auf?«, riefen die Sterne verwundert.

»Überlasst das nur mir!«, rief der Mond. Er eilte in das Schlafzimmer der Sonne und zog ihr die Bettdecke weg.

Die Sonne schlug die Augen auf. »Guten Morgen«, sagte sie verschlafen.

»Es gibt keinen guten Morgen, wenn du nicht sofort raus aus den Federn an den Himmel gehst«, sagte der Mond barsch.

»Was sollen die Bauern denn ohne dich machen?«, fragten die Sterne. »Sie warten, dass du ihre Felder bescheinst.«

»Die können warten«, antwortete die Sonne gähnend.

»Und was ist mit all denen, die Ferien machen?«, fragte der Mond.

»Ich brauche selber Ferien«, brummte die Sonne.

Der winzigste Stern wisperte mit seinem zarten Stimmchen: »Und was sollen all die Kinder anfangen, die gerne draußen in deinem Schein spielen wollen?«

»Mummm«, machte die Sonne, »es ist wirklich nicht fair, sie zu enttäuschen«. Und sie sprang auf und lief hinaus an den Himmel und breitete sacht ihren Schein über die Erde.

Überliefert

Die Sonnenblume

Die nachfolgende Begebenheit liegt einige Jahrzehnte zurück.

Eine ältere Dame, etwas kränkelnd, aber nicht bettlägerig, wohnte in einem engen Zimmer – genau eine Etage unter ihrer Vermieterin, die mit fast allen anderen Hausbewohnern im Streit lag.

Da überlegte die Dame, wie sie wohl der Vermieterin ein wenig näherkommen könnte: Wenn sie an ihrer Tür läutete, wurde ihr nicht aufgemacht; wenn sie versuchte, sie übers Telefon zu erreichen, wurde nicht abgehoben. So erging es allen im Hause.

Da hatte die Dame eine Idee. Sie pflanzte eine Sonnenblume in einen großen Topf und stellte sie auf ihren Balkon.

Die Blume wuchs sehr schnell und bald erreichte sie den oberen Stock – den Balkon der Vermieterin. Und als die Sonnenblume zu blühen begann – die ältere Dame begoss sie täglich –, da leuchtete die Blüte genau auf der Höhe des oberen Balkons, wo die Vermieterin wohnte.

Da freute sich diese so sehr, dass sie hinunterging und sich für die Sonnenblume bedankte. So kamen sie ins Gespräch – und alle Hausbewohner schmunzelten erleichtert über den Trick der Dame mit der Sonnenblume …

Adalbert Ludwig Balling

Das Wunder auf der Mühle

Es war einmal der Heiland in Gestalt eines armen Bettelmannes zu einem Müller gekommen und hatte um ein Almosen gebeten. Der reiche Müller wurde böse und sagte: »Geh nur, geh in Gottes Namen! Von deiner Art gibt es genug Leute! Ach so viele! Ich kann doch nicht alle satt machen!« Und er gab ihm nichts.

Zur selben Stunde kam ein Bauer zur Mühle. Der brachte einen Sack voll Weizen mit, um die Körner zu Mehl mahlen zu lassen. Der Bauer sah den Bettler, er hörte, was der Müller sagte. Da hatte er Mitleid mit dem Armen und sprach zu ihm: »Komm nur her! Ich will dir von meinem Weizen etwas geben.«

Da hielt der Bettler seine Betteltasche dem Bauern entgegen, und der Bauer schüttete ihm ein ganzes Maß voll Weizen hinein. Aber der Bettler hielt noch immer seinen Sack hin. »Willst du noch ein wenig?«, fragte der Bauer. »Wenn Ihr so gütig sein wollt, ja«, antwortete der Bettler.

Da schüttete das Bäuerlein noch ein Maß voll in den Bettelsack. Aber der Bettler hielt noch immer seine Tasche offen. Das Bäuerlein schüttete noch ein drittes Maß hinein, sodass für ihn selbst nur wenig übrig blieb.

Der Müller stand dabei, sah das alles und dachte: »Ist das ein Dummkopf, dieser Bauer! So viel gibt er weg! Für das Mahlen werde ich auch noch einen Teil nehmen, was bleibt ihm dann noch übrig?« Er nahm nun den Weizen des Bauern, schüttete ihn oben in die Mühle und fing an zu mahlen.

Aber siehe da! Die Mühle mahlt und mahlt und hört nicht auf zu mahlen; es dauert eine Stunde, noch eine und das Mehl rieselt immerfort in die Säcke und will nicht aufhören. Wie seltsam! Noch immer mahlt die Mühle. Das Mehl rieselt und rieselt.

Der Bauer wusste nicht, wie er so viel Reichtum nach Hause tragen sollte; aber er dachte in seinem Herzen. »Sollte der Bettler vielleicht der Heiland gewesen sein?«

Aus Russland

Gib dem, der hungert,
von deinem Brot!
Dem Traurigen aber gib
von deinem Herzen!

Sprichwort aus China

Wo Mutter ein Engel gewesen war

Als im Herbst das Obst reif an den Bäumen im Garten hing, hatte uns der Vater streng verboten, auf die Bäume zu klettern. Wir durften nur von den heruntergefallenen Früchten essen. Aber einmal hatte ich das Verbot doch übertreten und war heimlich auf einen Baum geklettert. Dabei zerriss ich mir unglücklich den Hosenboden.

Heimlich schlich ich mich mit einem bösen Gewissen nach Hause. Dabei drehte ich mich immer so geschickt, dass keiner den Schaden entdecken konnte.

Nach dem Abendbrot ging ich in mein Zimmer, besah dort erst richtig voll Entsetzen die zerrissene Hose und legte sie zuunterst auf den Stuhl, alle anderen Kleidungsstücke geschickt darüber. Dann kniete ich am Bett nieder, um mein Abendgebet zu sprechen: »Lieber Gott, ich bin heute ungehorsam gewesen. Vergib es mir doch und mach, dass morgen früh meine Hose wieder heil ist.«

In diesem Augenblick ging meine Mutter an der Kinderzimmertür vorbei, blieb einen Augenblick stehen und hörte mein Gebet. Dann ging sie lächelnd weiter. Dem Vater sagte sie nichts. Sie wollte eine Handlangerin Gottes sein. Als ich fest eingeschlafen war, nahm sie die zerrissene Hose und machte sie wieder heil. Dann legte sie die Hose so hin, wie sie unter dem Berg von Kleidern gelegen hatte.

Als ich am nächsten Morgen erwachte, war mein erster Griff nach der Hose. Welch ein Wunder, die Hose war wieder in Ordnung! – Ich weiß noch wie heute, dass dieses Erlebnis, wo Mutter ein »Engel« gewesen war, meinen Kinderglauben mächtig stärkte.

Friedrich von Bodelschwingh

Die Sternenblumen

Es war einmal eine Zeit, da konnten die Menschen die Sprache der Sterne verstehen. Wenn jemand traurig war, dann trösteten ihn die Sterne. Wenn jemand verzweifelt war, dann redeten die Sterne ihm Mut zu. Wenn jemand fröhlich war, dann freuten sich die Sterne mit ihm und zwinkerten fröhlich auf die Menschen herunter.

Aber dann kam eine Zeit, da verlernten die Menschen, den Sternen zu lauschen. Sie waren so sehr mit anderen Dingen beschäftigt.

Sie waren immer in Eile und hasteten hin und her, sodass es war, als ob die Sterne weiter fortgerückt seien am Himmel.

Auf einmal aber vermissten die Menschen die Sterne, das tröstende Licht und die leisen, flüsternden Stimmen. Sie gingen auf die Felder und in den Wald. Dort wollten sie die Tiere und die Pflanzen fragen. Aber auch deren Sprache war ihnen fremd geworden. Da wurden sie ratlos. Sie fühlten sich auf einmal einsam in dieser Welt.

Eines Tages lief ein kleines Kind durch die Felder. Da sah es am Wegesrand kleine Blumen wachsen, die aussahen wie Sterne. Sie neigten sich zum Weg hin, als ob sie etwas sagen wollten. Das Kind holte die Erwachsenen. Diese eilten herbei, betrachteten die Sternenblumen und lauschten. Da war es ihnen, als hörten sie eine Botschaft: Schaut unsere Blütensterne, lauscht, dann hört ihr in euren Herzen wieder die Sternensprache, wie wir euch trösten und froh machen. Die Menschen waren überglücklich.

Seitdem pflanzen sie die Sternenblumen auf die Gräber ihrer Toten und die Blumen schenken ihnen Trost. Astern heißen die Sternenblumen.

Nach einer Pflanzenlegende

Unser blaues Himmelszelt

Unser blaues Himmelszelt,
Sonne, Mond und Tag und Nacht,
unsere weite schöne Welt
hast du, lieber Gott, gemacht.

Sonnenblumen und der Baum,
Pflanzen, Menschen, jedes Tier,
Weinen, Lachen und mein Traum,
lieber Gott, das kommt von dir.

Du schenkst Regen, Frost und Eis
und den Sommer, hell und heiß.
Du behütest Mensch und Tier,
guter Gott, wir danken dir.

Überliefert

Wohin mein Weg mich führen mag

Wohin mein Weg mich führen mag,
der Himmel ist mein Dach.
Die Sonne kommt mit jedem Tag,
die Sterne halten Wacht.

Und komm ich spät und komm ich früh
ans Ziel, das mir gestellt:
Verlieren kann ich mich doch nie,
o Gott, aus deiner Welt.

Joseph Freiherr von Eichendorff

Hab Sonne im Herzen

Hab Sonne im Herzen, ob's stürmt
oder schneit,
ob der Himmel voll Wolken,
die Erde voll Streit!

Hab Sonne im Herzen,
dann komme, was mag!
Das leuchtet voll Licht dir
den buntesten Tag.

Hab ein Lied auf den Lippen
mit fröhlichem Klang
und macht auch des Alltags
Gedränge dich bang!

Hab ein Lied auf den Lippen,
dann komme, was mag!
Das hilft dir verwinden
den einsamsten Tag.

Hab ein Wort auch für andre
in Sorg und in Pein
und sag, was dich selber
so frohgemut lässt sein:

Hab ein Lied auf den Lippen,
verlier nie den Mut,
hab Sonne im Herzen
und alles wird gut!

Cäsar Flaischlen

Septembermorgen

Im Nebel ruhet noch die Welt,
Noch träumen Wald und Wiesen.
Bald siehst du, wenn der Schleier fällt,
Den blauen Himmel unverstellt,
Herbstkräftig die gedämpfte Welt
In warmem Golde fließen.

Eduard Mörike

Von Gott kommt alles her

Was nah ist und was ferne,
von Gott kommt alles her,
der Strohhalm und die Sterne,
der Sperling und das Meer.

Von ihm sind Büsch' und Blätter,
und Korn und Obst von ihm
von ihm mild Frühlingswetter
und Schnee und Ungestüm.

Er, er macht Sonnaufgehen,
er stellt des Mondes Lauf,
er lässt die Winde wehen,
er tut den Himmel auf.

Auch Frommsein und Vertrauen
und stiller, edler Sinn,
ihn flehn und auf ihn schauen:
kommt alles nur durch ihn.

Matthias Claudius

Mit Dank bezahlen

Was du mit Geld
nicht bezahlen kannst,
bezahle wenigstens mit Dank.

Altes Sprichwort

Wir danken den Blüten,
wenn wir ihre Früchte essen.

Spruch aus Simbabwe

Bildnachweis:

Abb. S. 6, 97, 113, 155, 158: © shutterstock.de, Victorian traditions

Hintergründe: © shutterstock.de, Prostock-studio

Alle übrigen Abbildungen stammen aus den Poesiealben von Lorenz Freudenmann (1907/08), Josefine Kohler (1910), Irene Bumiller (1928/29), Lotte Freudenmann (1931) und Matthias Bumiller (1971/72).